AF290320

DIE SWOT-ANALYSE

Erstellen Sie einen Strategieplan
für Ihr Unternehmen

Verfasst von Christophe Speth
Übersetzt von Mareike Lobeck

DIE SWOT-ANALYSE

SCHLÜSSELINFORMATION

- **Bezeichnungen:** SWOT-Analyse oder SWOT-Matrix, vom englischen Akronym der Begriffe Strengths (*Stärken*), Weaknesses (*Schwächen*), Opportunities (*Chancen*) und Threats (*Risiken*)
- **Anwendungsbereiche:** Dieses Modell ermöglicht Betrieben (Unternehmen, öffentliche Verwaltung oder Verbände) die schnelle Identifikation sowohl interner Faktoren (die interne Betriebsabläufe betreffen) als auch externer Faktoren (die vom Umfeld des Unternehmens abhängen). Als Hilfsmittel für die Entscheidungsfindung erleichtert die SWOT-Matrix die Erstellung einer Strategie.
- **Warum ist das so gut?** Die große Stärke der SWOT-Analyse liegt in ihrer Einfachheit. Sie ist nicht nur leicht anzuwenden, sondern liefert außerdem handfeste Ergebnisse, die einem Publikum ohne große Fachkenntnisse einfach mitgeteilt werden können.

- **Schlüsselwörter:**
  - <u>Externe Faktoren</u>: Elemente aus dem Umfeld eines Betriebs, auf die der Betrieb keinen direkten Einfluss hat
  - <u>Interne Faktoren</u>**:** Elemente, auf die ein Betrieb direkten Einfluss hat. Er kann sie steuern und/oder ändern.
  - <u>Stärken *(Strengths)*</u>**:** interne Faktoren des Unternehmens, die dessen Wettbewerbsstellung stärken
  - <u>Schwächen *(Weaknesses)*</u>**:** interne Faktoren, die die Wettbewerbsstellung eines Betriebs schwächen
  - <u>Chancen *(Opportunities)*</u>**:** externe Faktoren, die die Wettbewerbsstellung eines Betriebs positiv beeinflussen bzw. beeinflussen können
  - <u>Risiken *(Threats)*</u>**:** externe Faktoren, die negativen Einfluss auf das Umfeld eines Betriebs haben

EINLEITUNG

Hintergrund

Die SWOT-Analyse hat ihren Ursprung im Buch *Business Policy. Text and Cases* (1965) der vier Harvard-Professoren Edmund Philip Learned, Roland Chris Christensen, Kenneth Richmond Andrews und William D. Guth. Die Matrix ist eins der ersten Modelle, das sich mit dem Unternehmensumfeld auseinandersetzt. Zuvor hatten sich Strategiemodelle vor allem auf die strategische Planung beschränkt und das Umfeld nicht wirklich mit einbezogen.

Zwar wird die SWOT-Analyse heutzutage hauptsächlich in Marketingabteilungen großer Unternehmen angewandt, viele mittelständische Unternehmen verwenden sie aber auch als Hilfsmittel zur Entscheidungsfindung.

Hervorzuheben ist außerdem, dass zahlreiche Unternehmensberatungen die SWOT-Matrix für schnelle Analysen und für ihre Kunden zur einfachen, schematischen Situationsdarstellung verwenden. Andere Unternehmensberatungen wie BCG und McKinsey verfügen über eigene Analysemodelle.

Definition

Die SWOT-Analyse ist ein mehrdimensionales strategisches Analyse-Tool:

- Zum einen hilft sie, die internen (Stärken und Schwächen) und externen Faktoren (vom Umfeld abhängige Chancen und Risiken) eines Unternehmens zu erkennen.
- Zum anderen lassen sich hierdurch die identifizierten Faktoren nach ihrer erwarteten Auswirkung als positiv (Stärken und Chancen) oder negativ (Schwächen und Risiken) einordnen.

Eine SWOT-Analyse besitzt keinen Wert an sich. Nur die Verwendung unter strategischen Gesichtspunkten rechtfertigt ihre Erstellung.

DIE SWOT-ANALYSE IN DER THEORIE

Darstellung einer SWOT-Matrix

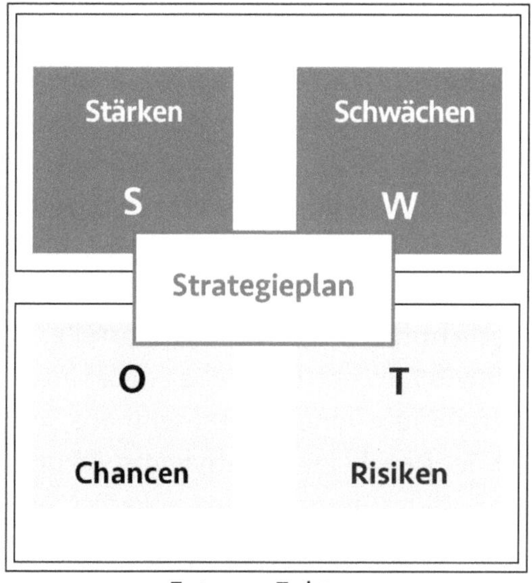

Mit der SWOT-Analyse kann zu einem beliebigen Zeitpunkt der Ist-Zustand eines Betriebs bewertet werden. Dabei liegt der Fokus eher auf der Zukunft als auf der Vergangenheit. Es wird also die Situation eines Unternehmens analysiert, ohne dabei dessen Zukunftsaussichten außer Acht zu lassen. Die SWOT-Analyse konzentriert sich so gleichzeitig sowohl auf die internen Betriebsabläufe (Stärken und Schwächen) als auch auf das Umfeld (Chancen und Risiken) eines Betriebs.

- **Die Stärken** sind die Faktoren eines Betriebs, die seine Entwicklung und Wettbewerbsposition positiv beeinflussen. Im Allgemeinen werden Faktoren, mit denen sich ein Unternehmen von anderen Wettbewerbern abhebt, als aussagekräftiger angesehen. Die SWOT-Analyse verdeutlicht diese Wettbewerbsvorteile.
- **Die Schwächen** betreffen ebenso die internen Betriebsabläufe eines Unternehmens, haben aber in der Regel eine negative Auswirkung auf dessen Entwicklung und Wettbewerbsstellung. Die internen Schwächen einer Organisation klar zu benennen ist entscheidend, da so die betroffenen Punkte verbessert und die Geschäftsbereiche neu ausgerichtet werden können, um die Schwächen abzubauen.

- **Die Chancen** hängen wiederum vom Umfeld eines Betriebs ab. Sie können dazu genutzt werden, die Entwicklung und Wettbewerbsstellung zu verbessern. Sobald dies geschehen ist, werden sie zu Stärken, die einen positiven Einfluss auf die weitere Entwicklung des Unternehmens haben.
- **Die Risiken** sind ebenfalls im Umfeld eines Betriebs angesiedelt. Sie werden häufig durch strategische Überwachung festgestellt. Werden sie rechtzeitig erkannt, so können die Risiken besser abgeschätzt und ihre Auswirkungen auf die Leistung verringert oder sogar umgekehrt werden.

In manchen Fällen können Risiken zu Stärken werden, genauso können sich Chancen in Schwächen verwandeln. Das liegt daran, dass die Betriebe sich nicht allein in ihrem Umfeld entwickeln: Ihre Zukunft hängt auch von den Entscheidungen ihrer Wettbewerber ab.

FAKTOREN, DIE DIE ENTWICKLUNG EINES BETRIEBS BEEINFLUSSEN

Um die Stärken und Schwächen einer Organisation zu bestimmen, müssen mehrere

Merkmale der internen Betriebsabläufe berücksichtigt werden. Dazu gehören:

- **Wettbewerbsfähigkeit bei den Kosten:** Einer der wichtigsten Aspekte für die Wettbewerbsfähigkeit eines Unternehmens ist dessen Fähigkeit, Kosten zu senken. Zur Kontrolle der Kosten müssen vor allem die Effizienz von Produktionsweise (Kann mit weniger Mitteln mehr hergestellt werden?) und Ressourcenzuteilung (Muss Kapital gegen Arbeit getauscht werden?) überwacht werden. Dabei kann es selbstverständlich zu Konflikten zwischen Wettbewerbsfähigkeit bei den Kosten und Schutz der Arbeitnehmerrechte kommen. Eine Anwendung, die nicht den sozialen Normen und Umweltstandards entspricht, wodurch aber Kosten gesenkt würden, kann beispielsweise (negative) Auswirkungen auf die Mitarbeiter haben.
- **Vertriebsnetz und -kapazität:** Besitzt das Unternehmen eine wettbewerbsfähige Vertriebskette? Genauer gefragt, kann sie eine hochwertige Lieferung sicherstellen (hoher Anteil pünktlich gelieferter Produkte, niedriger Anteil Bruchschaden, niedrige Fehlerquote

etc.)? Können die Vertriebskosten rationalisiert werden (Gesamtkosten für Lagerung und Transport der Ware niedrig genug)? In den letzten Jahrzehnten ist die Verringerung der Lagerbestände zu einer Möglichkeit geworden, einen Kompromiss zwischen Produktqualität, Lieferzeiten und Vertriebskosten zu finden. Diese Strategie basiert meist auf einer verstärkten Nutzung neuer Informations- und Kommunikationstechnologien (NIKT). Man spricht in diesem Kontext manchmal auch von der „Just-in-time-Produktion". Hierbei wird ein Produkt erst produziert, wenn es vom Kunden angefordert wird – und dank einer leistungsstarken Vertriebskette innerhalb sehr kurzer Zeit geliefert.

- **Marketing und Vertrieb:** Die Marketingabteilung spielt ebenfalls eine sehr wichtige Rolle für den Erfolg eines Unternehmens. Kann sie den Bedarf der Konsumenten vorhersehen? Kann sie Werbekampagnen entwickeln, die neue Konsumenten anlocken? Eine gute Marketingstrategie ist zweifelsohne eine Stärke für das Unternehmen.

- **Finanzielle Mittel:** Ausreichende finanzielle Stabilität stellt einen großen Vorteil für einen Betrieb dar. Sich Liquidität verschaffen zu können, spielt hier eine sehr wichtige Rolle, da nur so Expansionsprojekte jeglicher Art umgesetzt werden können.

- **Personalwesen:** Das Personalmanagement ist ein Aspekt, der von Unternehmen, der öffentlichen Verwaltung und Verbänden oft vernachlässigt wird. Es ist jedoch wichtig, dass jeder Betrieb über eine ausreichende Anzahl eigener Schlüsselkompetenzen verfügt. Daher kann es von Vorteil sein, etwas mehr Zeit auf die Suche einer geeigneten Person zu verwenden, anstatt in aller Eile Bewerber einzustellen, die nicht auf die zu vergebene Stelle passen. Allgemein ist ein Kommunikationssystem, das eine optimale Zusammenarbeit zwischen den Mitarbeitern ermöglicht, für Unternehmen unerlässlich.

- **Innovationsstrategie:** Auf strategischer Ebene – und bei der gegenwärtigen Wirtschaftslage – bemühen sich immer mehr Unternehmen und auch Universitäten, ein Maximum an Innovationen patentieren zu lassen. Die Halter eines solchen Patents sollten aber auch eine strategische Sicht auf Nutzen und Wert ihrer Erfindungen nicht außer Acht lassen. In Verhandlungen mit anderen Unternehmen über die Verwendung der patentierten Verfahren können diese nämlich zu einem gewichtigen Argument werden.

Auch beim Unternehmensumfeld beeinflussen mehrere Faktoren die Chancen und Risiken. Dazu gehören insbesondere:

- **Die Wirtschaftslage:** Ein starkes Wirtschaftswachstum oder dessen Ausbleiben haben natürlich Einfluss auf die Situation diverser Betriebe. Eine lebhafte Wirtschaftstätigkeit ermöglicht erfolgreichen Unternehmen meist, ihr Wachstum zu beschleunigen. Genauso kann es Unternehmen, die sich in einer schwierigen Lage befinden und Marktanteile verlieren, gelingen, bei schnellem Wirtschaftswachstum den Konkurs abzuwenden, da so teilweise Schwächen des Unternehmens ausgeglichen werden. Bei einem wirtschaftlichen Abschwung ist das Gegenteil der Fall.

- **Starke Konsumtrends:** Ein anderer Aspekt, der nicht vernachlässigt werden sollte, ist die Entwicklung des Bedarfs der Konsumenten. Wenn das Hauptangebot mit den neuen Bedürfnissen übereinstimmt, ist die Entwicklung positiv. Im entgegengesetzten Fall, wenn die Bedürfnisse vom Hauptangebot abweichen, ist die Entwicklung negativ. Um letzteres zu verhindern, können Marketingabteilungen versuchen, solche Entwicklungen mithilfe verschiedener Instrumente vorauszuahnen. Als Beispiel sei der Produktlebenszyklus genannt, der die verschiedenen Phasen eines Produkts darstellt (Entstehung, Einführung, Wachstum, Reife und Degeneration).
- **Das Wettbewerbsumfeld:** Die Entwicklung des Wettbewerbsumfelds spielt ebenfalls eine Schlüsselrolle. Wettbewerber mit mehr Erfolg, stärkerer Marktpräsenz oder größerer Bereitschaft, einen Preiskampf zu beginnen, können einen negativen Einfluss auf die Rentabilität eines Unternehmens haben.
- **Das regulatorische Umfeld:** Auch sich ändernde gesetzliche Regelungen können ein Risiko für einen Betrieb darstellen, wenn dieser

noch nicht dafür bereit ist. In manchen Fällen erlauben solche Änderungen Unternehmen jedoch auch, sich gegenüber Wettbewerbern zu behaupten, wenn sich diese weniger gut anpassen können.

Sie beherrschen jetzt die Grundlagen der SWOT-Analyse und können Ihre eigene Matrix über sich als Student oder Arbeitnehmer anfertigen. Sind Sie zum Beispiel Student, haben Sie vielleicht eine hervorragende Allgemeinbildung (Stärke), aber manchmal Schwierigkeiten, Ihre Ideen zu Papier zu bringen (Schwäche). Als Student bietet sich Ihnen eine große Anzahl an Möglichkeiten (Chancen): Erasmus-Aufenthalt, Engagement in Vereinen etc. Die Entwicklung der Lebenshaltungskosten kann Ihnen jedoch Schwierigkeiten bereiten (Risiken).

SWOT-ANALYSE: SCHWÄCHEN UND ERGÄNZUNGEN

KRITIK

Theoretiker und Praktiker sind sich im Allgemeinen einig, dass die Ergebnisse einer SWOT-Analyse mit Vorsicht zu genießen sind. Zwar kann die SWOT-Matrix zur schnellen Analyse einer Situation verwendet werden, sie bleibt jedoch grob und unvollständig. Außerdem schließen sich die unterschiedlichen Punkte der SWOT-Analyse nicht unbedingt gegenseitig aus.

Eine neue gesetzliche Regelung kann zum Beispiel von einem Unternehmen gleichzeitig als Risiko und als Chance angesehen werden. Der wegweisende Artikel „SWOT Analysis: It's Time for a Product Recall" der Unternehmensberater Terry Hill und Roy Westbrook zeigt die Grenzen der SWOT-Analyse auf:

- In erster Linie ist die Analyse deskriptiv. Es wurde nachgewiesen, dass sie dadurch in einigen Fällen wirkungslos ist, da sie den Entscheidungsprozess weder in die eine noch in die andere Richtung lenkt. Die SWOT-Analyse kann hervorragend durchgeführt worden sein – doch wenn die daraufhin getroffenen Entscheidungen nicht sinnvoll sind oder nicht korrekt umgesetzt werden, bringt das wenig. Dies zeigt, dass eine SWOT-Analyse nicht notwendigerweise zum Wettbewerbsvorteil führt.

- Hinzu kommt, dass die Kosten für die Erstellung einer SWOT-Analyse nicht außer Acht gelassen werden dürfen, da interne und/oder externe Berater bezahlt werden müssen. So kann es manchmal besser sein, sich nicht auf ein „Managerdenken" zu versteifen, da dies auch die Kreativität einschränkt.

- Ein weiteres Risiko liegt darin, sich auf unwichtige Details zu konzentrieren, weil die Erkenntnisse der SWOT-Analyse nicht nach Wichtigkeit klassifiziert wurden. Zum einen entsteht ein Zeitverlust, zum anderen kann dies sogar katastrophale Auswirkungen auf einen Betrieb haben, wenn dieser noch mehr

Ressourcen auf die Beseitigung nebensächlicher Probleme verwendet.

VERWANDTE MODELLE

Es gibt andere Modelle, die genauso leistungsstark wie die SWOT-Matrix sind und die ebenfalls die Entscheidungsfindung erleichtern. Das Fünf-Kräfte-Modell von Michael E. Porter (amerikanischer Hochschuldozent, geboren 1947) bewertet zum Beispiel die Bedrohungen, denen eine Branche ausgesetzt ist. Weitere Modelle konzentrieren sich eher auf die strategische Interaktion zwischen Wettbewerbern (z. B. Entscheidungen zur Produktionsmenge und Festlegung der Preise). Obwohl ihr Ansatz weniger ganzheitlich ist, eignen sie sich dennoch besonders gut zur Bewertung der Wettbewerber in den analysierten Branchen.

Fünf-Kräfte-Modell von Porter

Mit dem Fünf-Kräfte-Modell von Porter können Unternehmen ihr Wettbewerbsumfeld analysieren. Das Modell betrachtet fünf Komponenten, die die Wettbewerbsumgebung einer Branche möglicherweise beeinflussen können.

- Die offensichtlichste Bedrohung, der ein Unternehmen ausgesetzt ist, geht natürlich von den **direkten Wettbewerbern** aus. Das Ausmaß der Rivalität zwischen den Unternehmen hängt jedoch nicht unbedingt von der Anzahl der im Wettbewerb stehenden Unternehmen ab: Es ist durchaus möglich, dass sich zwei Unternehmen in Branche A einen Preiskampf liefern, während vier Unternehmen in Branche B ein stabiles und ertragreiches Kartell bilden.

- Ebenso kann die **Bedrohung durch neue Marktzugänger** ein Unternehmen von zu hohen Preisvorderungen abhalten, selbst wenn ein Monopol vorliegt. Diese Bedrohung hat jedoch keinen Bestand, wenn die Marktzugangs- und Marktaustrittsschranken im Verhältnis zum erzielten Gewinn zu hoch sind. Manche Unternehmen investieren in einen Kapazitätsüberschuss, um mehr zu produzieren, falls sich ein Wettbewerber niederlässt. Dadurch können die Preise gesenkt werden, was wiederum den Profit der Marktzugänger begrenzt. Da neue Marktzugänger meist von einem solchen Kapazitätsüberschuss wissen, kann dies eine abschreckende Wirkung haben.

- Unternehmen müssen außerdem **mögliche Ersatzprodukte und -dienstleistungen** für ihr Angebot beobachten. Im Verkehr auf Mittel- und Langstrecken (zwischen 300 und 1.000 km) beispielsweise ist der TGV in Westeuropa innerhalb der letzten Jahrzehnte zu einer ernstzunehmenden Alternative für den Flugverkehr geworden. Dies hat in der Folge durch die Entstehung von Billigfluglinien wie *Ryanair* und *easyJet* zu einer Rationalisierung im Luftfahrtsektor geführt.

- **Die Verhandlungsstärke der Zulieferer und Kunden** schließlich kann einen entscheidenden Einfluss auf die Rentabilität eines Unternehmens haben. Unter anderem können Kunden und Lieferanten einen besseren Preis erreichen, je weniger zahlreich sie sind. Ebenso haben potenzielle Neukunden bzw. neue Anbieter Verhandlungsvorteile.

Darstellung des Fünf-Kräfte-Modells von Porter

Oligopolistischer Wettbewerb und Existenz von Kartellen

Einige Wirtschaftsmodelle betrachten die strategische Interaktion zwischen Unternehmen.

- Das **Modell von Antoine Augustin Cournot** (französischer Mathematiker und Philosoph, 1801-1877) dient der Analyse des oligopolistischen Wettbewerbs, wie er auf einem Markt mit wenigen Anbietern und vielen Abnehmern besteht. Unternehmen verwenden es außerdem, um über die Produktionsmenge zu entscheiden. Diese Entscheidung wird je nach potentiell erreichbarem Einfluss auf die Preispolitik getroffen. So können Unternehmen in der Automobilindustrie beispielsweise nur schwer kurzfristig ihre Produktionskapazität erhöhen (da der Bau einer Fabrik Zeit in Anspruch nimmt). Bei einer gegebenen Anzahl an Wettbewerbern herrscht in einer Cournot-Marktsituation im Allgemeinen ein mittlerer bis leichter Wettbewerbsdruck.

- Umkehrt wird das **Modell von Joseph Louis François Bertrand** (französischer Mathematiker und Ökonom, 1822-1900) verwendet, wenn Unternehmen über das Preisniveau entscheiden und danach die Produktionsmenge ohne Probleme erhöhen oder senken können. Bei einem Wettbewerb nach Bertrand kann der Profit schon bei nur zwei beteiligten Unternehmen bei null liegen, da sich diese unvermeidlich einen Preiskampf liefern werden. Meist sind Unternehmen aus Branchen, in denen die Produktionsmenge problemlos kurzfristig angepasst werden kann, von dieser Art Wettbewerb betroffen (z. B. die Textilindustrie). Gibt es wenigstens zwei Wettbewerber, ist der Wettbewerbsdruck in einer Marktsituation nach Bertrand im Allgemeinen sehr stark. Diese Branchen sind schon auf den ersten Blick eher abschreckend.

- Eine weitere Möglichkeit ist, dass sich Unternehmen einer Branche – auch wenn dies nicht legal ist – explizit abstimmen, um den Wettbewerb zu beschränken. Dies nennt man **Kartell**. Stille Übereinkünfte hingegen sind nicht illegal und können definitionsgemäß nicht nachgewiesen werden. Bei einem stabilen Kartell ist der gemeinsame Profit der betroffenen Unternehmen gleich dem Profit bei einem Monopol. Die folgenden Bedingungen erleichtern unter anderem die Entstehung eines Kartells:
  - eine geringe Anzahl Unternehmen
  - die Möglichkeit, diejenigen zu entdecken und zu bestrafen, die sich nicht an die Übereinkunft halten

- ○ ausreichend Geduld der Unternehmen, die an der Absprache beteiligt sind

DIE SWOT-ANALYSE IN DER PRAXIS

DIE FÜNF SCHRITTE ZUR ERFOLGREICHEN UMSETZUNG DER SWOT-ANALYSE

1. **Stärken erfassen:** Zu allererst müssen die Elemente erfasst werden, die die internen Betriebsabläufe betreffen und die eine positive Auswirkung auf die Leistung eines Unternehmens haben. Wie schon in der Beschreibung des Modells erwähnt, muss hierbei alles, was die finanzielle Situation des Betriebs, die Leistungsfähigkeit seiner Vertriebskette und sein Markenimage etc. betrifft, genau unter die Lupe genommen werden.

2. **Schwächen erfassen:** Danach müssen die Elemente erkannt werden, die die internen Betriebsabläufe betreffen und dabei die Leistung eines Betriebs negativ beeinflussen. Geringes Innovationspotential, schlechte

betriebsinterne Kommunikation und keine Möglichkeit, die Kosten im gleichen Maße wie andere Wettbewerber zu senken, sind alles Schwächen, die sich negativ auf die Leistung eines Betriebs auswirken.

3. **Chancen erfassen:** Um die Chancen in einem bestimmten Umfeld zu erkennen, müssen die externen Faktoren erfasst werden, die eine positive Auswirkung auf den Betrieb haben können. Die zu beobachtenden Aspekte hängen mehr oder weniger vom Betrieb ab (Wettbewerber, Wirtschaftslage, rechtlicher Rahmen, demographischer Hintergrund etc.).

4. **Risiken erfassen:** Um die Risiken zu erfassen, die ein bestimmtes Umfeld birgt, müssen die externen Faktoren eines Betriebs analysiert werden, die einen negativen Einfluss ausüben können. Auch hier hängen die zu beobachtenden Elemente von der Art des Betriebs ab.

5. **Einen strategischen Aktionsplan erstellen:** Sobald alle internen und externen Faktoren bestimmt wurden, die die Entwicklung eines Unternehmens beeinflussen, kann mit der Entscheidungsfindung begonnen werden. Manchmal wird dies in Form einer langfristigen Strategieplanung umgesetzt. In

anderen Fällen hilft die SWOT-Matrix ganz einfach dabei, die Entscheidungsfindung zu beschleunigen, während sie gleichzeitig den Hintergrund berücksichtigt, vor dem sich der Betrieb entwickelt.

EMPFEHLUNGEN

- Es ist unerlässlich, seine Argumentation auf Zahlen, Daten und Fakten zu stützen. Eine vorschnelle oder nachlässige Beurteilung ist der beste Weg, schlechte Entscheidungen zu treffen.
- Wenn möglich sollte eine Hierarchie für alle Stärken, Schwächen, Chancen und Risiken aufgestellt werden. Dadurch kann verhindert werden, dass zu vernachlässigende Faktoren die Entscheidungsfindung unnötig beeinflussen.
- Die SWOT-Analyse hat nur einen Wert, wenn sie genutzt wird. Es ist also von äußerster Wichtigkeit, dass die getroffenen Entscheidungen sinnvoll umgesetzt werden.
- Wenn aufgrund der Ergebnisse einer SWOT-Analyse Entscheidungen getroffen werden, müssen diese für den Betrieb umsetzbar und steuerbar sein.

FALLSTUDIE – PENSION IN SÜDFRANKREICH

In diesem Teil soll eine fiktive SWOT-Analyse entwickelt werden. Betrachtet wird eine kleine Pension, die von einem Paar geleitet wird. Sie besteht aus drei Zimmern und liegt in Südfrankreich, in der Nähe der Alpen und der Provence. Da sie von einem Tourismusverband ausgezeichnet wurde, zieht sie hauptsächlich ausländische Gäste an, vor allem im Sommer. Eins der größten Probleme der Pension ist die Unregelmäßigkeit der Anfragen, die je nach Jahreszeit extrem unterschiedlich sind. So ist die Pension im Juli und August zwar fast zu 100 % belegt, im Rest des Jahres aber nur zu knapp 30 %. Dieses Belegungsproblem hängt direkt mit dem externen Umfeld des Betriebs zusammen, da das Paar, das die Pension führt, selbstverständlich keinen Einfluss auf die Urlaubszeiten seiner Gäste hat. Allerdings wird die Wahl der Touristen auch von anderen, internen Faktoren beeinflusst, die angepasst und damit kontrolliert werden können.

Wie kann eine SWOT-Analyse dabei helfen, Wege zur Verbesserung der hier betrachteten Pension zu finden?

Analyse des externen Umfelds des Betriebs – Risiken und Chancen

- **Die Entwicklung der gesetzlichen Regelungen** hatte in den letzten Jahren eine beachtliche Auswirkung auf die Situation der kleinen Pension. Sie stellen eine echte Bedrohung dar, da manchmal hohe Beträge investiert werden müssen, um den Bestimmungen nachzukommen. Man denke beispielsweise an die neuen Sicherheitsstandards, die teilweise genau wie für große Hotels gelten, nur dass diese meist modernere Gebäude besitzen und stark von Größendegression profitieren (die Durchschnittskosten zur Einhaltung der Standards sinken pro Zimmer, je mehr Zimmer es gibt).
- **Die Entwicklung der Steuerpolitik** im Ausland kann manchmal große Auswirkungen auf die Geschäfte eines Unternehmens haben, und das auf sehr indirekte Art und Weise. Die hier betrachtete Pension beherbergt zahlrei-

che belgische Gäste mit einem wohlhabenden sozioprofessionellen Hintergrund. So kann es sein, dass ein Rückgang der Zimmerbelegung von einer Änderung der belgischen Besteuerung von Firmenwagen ausgelöst wurde. Nach der Steuerreform scheinen nämlich Firmenwagen für belgische Unternehmen an Attraktivität verloren zu haben, wogegen sie ihren Mitarbeitern mit Firmenwagen sonst meist auch das Benzin kostenlos zur Verfügung gestellt hatten. Für Belgier, vor allem junge Familien, ist das Auto die erste Wahl, um nach Südfrankreich zu fahren. Seit das System weniger angewandt wird, ändern einige Gäste ihre Angewohnheiten und ziehen sowohl andere Transportmittel als auch entferntere, aber gleichzeitig weniger abgelegene Reiseziele in Betracht. Der letzte Punkt stimmt mit der Problematik der Ersatzprodukte und -dienstleistungen aus Porters Fünf-Kräfte-Modell überein (z. B.: Flugreisen, deren relativ niedriger Preis eine gewaltige Konkurrenz darstellt).

- **Die technische Entwicklung** stellt sowohl eine Chance als auch ein Risiko für das junge Paar dar. Durch die Entstehung von

Webseiten, auf denen ein Zimmer direkt reserviert werden kann – ohne den Umweg über den Eigentümer – verändert sich die Verwaltung der Pensionszimmer radikal. Diese technische Revolution stellt eine Chance dar, da die Webseiten eine erhöhte Sichtbarkeit garantieren und Eigentümer und Touristen schneller zueinander bringen. Leider ist es bei Nutzung dieser Services jedoch schwieriger, seinen digitalen Ruf zu kontrollieren. Dass zur Reservierung immer häufiger solche Webseiten genutzt werden, bewirkt auch einen drastischen Rückgang gedruckter Hotelführer, in denen die touristische Infrastruktur sonst sehr gut verzeichnet war.

- **Die Rolle der Behörden bei der Förderung des Tourismus in der Region:** Behörden haben einen großen Einfluss auf die Attraktivität einer Region. Unterstützung und Bewerbung von Orten und/oder Aktivitäten in der Umgebung durch die Region (z. B. bemerkenswerte Natur, einmalige Sportveranstaltungen etc.) könnte zum Beispiel neue Gäste für die betrachtete Pension anziehen.

- **Erreichbarkeit per Flugzeug, Bahn oder Auto:** Da es so schwierig ist, die Pension zu erreichen, sollte die Leitung Entwicklungen bezüglich möglicher Investitionen in die Verkehrsinfrastruktur (z. B. Autobahn, Bahnstrecken, Flughafenterminals etc.) beobachten.

- Die wegen der Krise schlechte **Wirtschaftslage** hat natürlich auch direkten und negativen Einfluss auf die Reisefreude der Touristen: Das geplante Budget für Ausgaben scheint kleiner zu sein als noch vor 2008. Ein nachhaltiges Wachstum jedoch, das für die kommenden Jahre erhofft wird, könnte sich positiv auf die Situation der Pension auswirken.

Interne Analyse des Betriebs – Stärken und Schwächen

- **Die Zufriedenheit der Touristen:** Die Zufriedenheit der Touristen ist hoch, sogar sehr hoch. Das ist nicht nur das Ergebnis einer guten Organisation im Vorfeld, sondern hat auch den schönen Effekt, durch Mundpropaganda und somit wachsende digitale Beliebtheit (gutes Online-Image) neue Gäste anzuziehen. Außerdem werden dadurch viele Touristen zu Stammgästen und kommen jedes Jahr wieder. Manche sind geradezu Botschafter der Unterkunft geworden und ermuntern ihre Bekannten, ebenfalls ihre Ferien dort zu verbringen.

- **Die Lage der Ferienunterkunft** ist gleichzeitig reizvoll und abschreckend. Die Abgelegenheit des Ortes zieht die Touristen an, die Ruhe und Entspannung suchen, was daraus eine Stärke macht. Die Lage kann jedoch genauso eine Schwäche darstellen, da die Pension schwierig mit öffentlichen Verkehrsmitteln zu erreichen ist und weit von anderen Dienstleistern (Supermärkte, Restaurants etc.) entfernt liegt. Hinzu kommt, dass die Region bei Touristen nicht sehr bekannt ist.

- **Die Nähe zu Aktivitäten und touristischen Einrichtungen:** In unmittelbarer Nähe der Unterkunft gibt es je nach Jahreszeit ein verlockendes Angebot unterschiedlicher Sportarten (Wandern und Mountainbiken im Sommer, Skifahren im Winter), eine große Stärke für den Betrieb. Bei den Mahlzeiten am gemeinsamen Tisch können sich die Touristen außerdem gegenseitig kennenlernen. Viele von ihnen schätzen diesen sozialen Kontakt, andere möchten jedoch lieber für sich bleiben.

- **Die Art der Gäste:** Zurzeit zieht der Betrieb zum großen Teil Privatpersonen an. Es könnte aber auch interessant sein, die Zielgruppe zu erweitern. Eine Möglichkeit dazu wäre, Kontakt mit Unternehmen aufzunehmen, die Seminare und/oder Teambuilding-Maßnahmen organisieren möchten. Eine andere Möglichkeit wäre, mit den Anbietern der anderen Tourismuseinrichtungen zusammenzuarbeiten, etwa mit Wanderführern.
- **Die Qualität der Internetverbindung:** Die aufgrund der geografischen Lage langsame Internetverbindung stellt im digitalen Zeitalter eine große Schwäche dar.

SWOT-Analyse am Beispiel der Pensionszimmer

Bei der SWOT-Analyse wurden einige Stärken, Schwächen, Chancen und Risiken des Betriebs deutlich. Im Folgenden wird gezeigt, wie durch die Kombination dieser Elemente wirksame strategische Entscheidungen getroffen werden können. Es bieten sich die folgenden Möglichkeiten:

- **Von den Chancen profitieren:** Im Hinblick auf die Sichtbarkeit, die das Internet bietet, sollte die technische Entwicklung genutzt werden. Der Betrieb würde davon profitieren, seine Pensionszimmer auf Plattformen anzubieten, die von potenziellen Gästen (Leuten, die nach abgelegenen Ferienunterkünften suchen) besucht werden. Da den Konsumenten ein kleineres Reisebudget als früher zur Verfügung steht, sollte die Pension überlegen, ihre Preispolitik anzupassen und dabei von den Möglichkeiten der neuen Technologien Gebrauch machen (beispielsweise mit Last-Minute-Angeboten).
- **Bestimmte Risiken vorhersehen:** Auch wenn die Entwicklung der gesetzlichen Regelungen kurzfristig als Bedrohung angesehen werden kann, verlangsamt sie ebenso die Entstehung neuer Pensionen. Auf lange Sicht bildet dies eine ideale Marktzugangsschranke, was

den bereits an die neuen Regelungen ange-
passten Akteuren ermöglicht, sich in einem
weitgehend stabilen Wettbewerbsumfeld
weiterzuentwickeln.

- **Bestimmte Stärken fertigen:** Die
Mundpropaganda würde noch besser funktio-
nieren, wenn der Betrieb seine Kommunikation
mit den Stammgästen verbessern könnte, um
sie auch von Besuchen in anderen Jahreszeiten
zu überzeugen. Gerade soziale Netzwerke
unterstützen eine solche Kundenbindung.
- **Schwächen beseitigen:** Um die Gästevielfalt
zu erweitern, kann das Unternehmen verschie-
dene Aufenthalte für Nicht-Privatpersonen
anbieten (Seminare im Grünen, Aufenthalte
zu Gastronomie, Sport und weiteren Themen).

Es können sicherlich noch andere Entscheidungen
getroffen werden, ebenso könnten weitere
Optionen überlegt werden, letztendlich hängen
diese von den Prioritäten der Verantwortlichen
ab.

- Die SWOT-Matrix besteht aus einer Analyse der Faktoren, die die internen Betriebsabläufe oder das externe Umfeld eines Betriebs positiv oder negativ beeinflussen. Dies funktioniert für Unternehmen, Verbände oder die öffentliche Verwaltung.
- Stärken und Schwächen sind Parameter, die den Betrieb direkt beschreiben und von ihm kontrolliert werden können. Die Wettbewerbsfähigkeit bei den Kosten spielt für den Erfolg eines Unternehmens natürlich eine entscheidende Rolle. Die Wettbewerbsfähigkeit in anderen Bereichen, vor allem bei der Innovationsfähigkeit, sollte jedoch keinesfalls vernachlässigt werden.
- Chancen und Risiken betreffen hingegen das externe Umfeld eines Betriebs und können nicht von diesem kontrolliert werden. Man denkt hier oft an die Wirtschaftslage (Wachstum oder Rezession), aber auch branchenspezifischere Aspekte sollten nicht außer Acht gelassen werden (Entwicklung der

Bedürfnisse, des Wettbewerbsumfelds und der gesetzlichen Regelungen).

- Die Auswertung der Stärken, Schwächen, Chancen und Risiken sollte in jedem Fall zu einer Entscheidungsfindung bzw. zur Umsetzung eines strategischen Aktionsplans genutzt werden.
- Bei der Durchführung einer SWOT-Analyse sollten einige Ratschläge beachtet werden: Unter anderem ist es wichtig, sich mehr auf Fakten zu stützen als sich auf sein Gefühl zu verlassen. Dabei ist es unerlässlich, seine Analyse auf greifbaren Zahlen zu basieren (z. B. finanzielle Kennzahlen).
- Die SWOT-Analyse ist momentan sehr beliebt, vor allem in Marketingabteilungen von großen Unternehmen.
- Ihre Einfachheit ist jedoch ein zweischneidiges Schwert. Einige Autoren haben sogar aufgedeckt, dass die Verwendung einer SWOT-Matrix in manchen Fällen negative Auswirkungen auf die Leistung eines Betriebs haben kann. Dies ist möglich, wenn nicht gründlich gearbeitet wurde und wenn nicht wie vorgesehen ein strategischer Aktionsplan ausgearbeitet wird (laut Terry Hill und Roy Westbrook).

- Andere Modelle wurden entwickelt, um die Entwicklung eines strategischen Plans zu erleichtern:
  - Das Ende der Siebziger Jahre bekannt gewordene Fünf-Kräfte-Modell von Micheal E. Porter konzentriert sich auf Bedrohungen, die die Rentabilität eines Unternehmens negativ beeinflussen.
  - Andere Alternativen zur SWOT-Matrix sind die im 19. Jahrhundert entwickelten Modelle der französischen Ökonomen Antoine Auguste Cournot und Joseph Bertrand, mit denen der Wettbewerb je nach aktuellem Kontext genau analysiert werden kann.

Ihre Meinung ist uns wichtig!
Hinterlassen Sie doch einen Kommentar auf der
Seite unserer Online-Buchhandlung
und teilen Sie Ihre Favoriten in den sozialen
Netzwerken!

DARÜBER HINAUS

LITERATURVERZEICHNIS

- *Banque cantonale vaudoise: „Préparer une analyse SWOT". Webseite auf Englisch bzw. Französisch.*
  http://www.bcv.ch/fr/entreprises/outils_et_conseils/creer_votre_entreprise/d_une_idee_a_un_plan/votre_produit_ou_service_a_t_il_un_potentiel_de_vente_sur_le_marche/preparer_une_analyse_swot (01.03.2018).
- Bouvier-Patron, Paul: Entreprise et innovation. Vers l'inter-organisation innovante responsable? L'Harmattan: Paris 2011.
- Helms, Marilyn M.: *„Encyclopedia of Management Theory. SWOT Analysis Framework". SAGE Knowledge.* Sage Publishing. (2013).
  http://www.sagepub.com/gray3e/study/chapter3/Encyclopaedia%20entries/SWOT_Analysis_Framework.pdf (21.02.2018).

- Hill, Terry; Westbrook, Roy: „*SWOT Analysis. It's Time for a Product Recall*". In: *Long Range Planning* 30 (1997). S. 46-52
- Lambin, Jean-Jacques; de Moerloose, Chantal: *Marketing stratégique et opérationnel. Du marketing à l'orientation-marché*. 7. Aufl. Dunod: Paris 2008.
- Learned, Edmund Philip et al.: *Business Policy. Text and Cases*. 1. Aufl. Homewood: Irwin 1965.
- Mayrhofer, Ulrike: *Management stratégique*. 1. Aufl. Bréal: Paris 2007.
- Porter, Michael E.: „*The Five Competitive Forces That Shape Strategy*". In: *Harvard Business Review* 88 (Jan. 2008), S. 78-93.
- Rousseau, Benoist: „*Analyses SWOT*". andlil. com. Blog auf Französisch. Andlil Trader Bourse. http://www.andlil.com/analyses-swot/ (1.03.2018).
- Van Laethem, Nathalie: „*L'analyse SWOT. 10 conseils pour la réussir*". marketing-strategie.fr. Blog auf Französisch. Cegos, SA. http://www.marketing-strategie.fr/2010/05/15/10-conseils-pour-reussir-lanalyse-s-w-o-t/ (01.03.2018).
- Varian, Hal: Introduction à la microéconomie. 7. Aufl. De Boeck: Brüssel 2011.

WEITERFÜHRENDE LITERATUR

- Homburg, Christian: *Marketingmanagement. Strategie – Instrumente – Umsetzung – Unternehmensführung.* 6., überarb. und erw. Aufl. Springer Gabler: Wiesbaden 2017.
- Lorenz, Wilhelm: „*Modell von Bertrand*". mikrooekonomie.de.
https://mikrooekonomie.de/Markt-%20und%20Preistheorie/Modell%20von%20Bertrand.htm (21.02.2018).
- Lorenz, Wilhelm: „*Modell von Cournot*". mikrooekonomie.de.
https://mikrooekonomie.de/Markt-%20und%20Preistheorie/Modell%20von%20Cournot.htm (21.02.2018).
- Pelz, Waldemar: „*SWOT-Analyse*". Auszug aus: Ders.: *Strategisches und Operatives Marketing. Leitfaden zur Erstellung eines professionellen Marketingplans* (2004, aktualisiert im Januar 2018).
http://www.wpelz.de/swot-analyse/SWOT-Analyse.pdf (21.02.2018).
- Simon, Hermann; von der Gathen, Andreas: *Das große Handbuch der Strategieinstrumente: Werkzeuge für eine erfolgreiche*

Unternehmensführung. 2., überarb. und erw. Aufl. Campus Verlag: Frankfurt/New York 2010.

- Paul, Herbert; Wollny, Volrad: *Instrumente des strategischen Managements. Grundlagen und Anwendung.* 2., akt. und erw. Aufl. De Gruyter Oldenbourg: München 2014.

www.50Minuten.de

ISBN digitale Ausgabe: 9782808008556

ISBN gedruckte Ausgabe: 9782808008891

Pflichtexemplar: D/2018/12603/200

Cover: © Plurilingua

Digitale Aufbereitung: Primento, der digitale Partner der Herausgeber